带队伍就是带人心

[美] 鲍勃·纳尔逊 著 | 黄严 译

天津出版传媒集团

天津人民出版社

图书在版编目（CIP）数据

带队伍就是带人心 ／（美）鲍勃·纳尔逊著 ； 黄严
译． -- 天津：天津人民出版社，2018.8
ISBN 978-7-201-13790-2

Ⅰ．①带… Ⅱ．①鲍… ②黄… Ⅲ．①企业管理—组
织管理学 Ⅳ．① F272.9

中国版本图书馆 CIP 数据核字（2018）第 145914 号

著作权合同登记号：图字 02-2018-100 号
COMPANIES DON'T SUCCEED,PEOPLE DO By DR.BOB NELSON
Copyright:©2016 BY DR.BOB NELSON
This edition arranged with SOURCEBOOKS,INC.
Simplified Chinese edition copyright:
20XX Beijing Maidian Culture Co.Ltd.
All rights reserved.

带队伍就是带人心
DAIDUIWU JIUSHI DAIRENXIN

出　　版	天津人民出版社
出版人	黄　沛
地　　址	天津市和平区西康路 35 号康岳大厦
邮政编码	300051
邮购电话	（022）23332469
网　　址	http://www.tjrmcbs.com
电子邮箱	tjrmcbs@126.com

策 划 人	周晓斌
责任编辑	王昊静
策划编辑	马剑涛
特约编辑	吴海燕
装帧设计	润和佳艺

印　　刷	北京盛彩捷印刷有限公司	
经　　销	新华书店	
开　　本	880×1230 毫米	1/32
印　　张	3.5	
字　　数	105 千字	
版次印次	2018 年 8 月第 1 版　　2018 年 8 月第 1 次印刷	
定　　价	39.80 元	

一人独行走得快，
与人同行走得远。

——非洲谚语

即使是最有才华的人也很快就意识到，要想在事业和生活中收获更多，诀窍就在于掌握激励他人这门艺术。没有任何一个人是孤立的，我们都必须相互依赖，才能把生活中的重要事情做好。

事实上，我之前那位伟大的教授，已故的彼得·德鲁克先生，就曾将管理定义为"通过他人完成任务"。

道理说起来大家都懂，但是在一个团队里，有着不同的个体，每个成员都有着不同的才华、个性、目标和抱负，要鼓励这样一个团队，真正做起来要比说起来难。这也就是为什么本书会对你非常具有阅读的价值。在本书中，你会从成功的领导者身上感受他们真实的故事，阅读成功的案例和掌握他们管理的技巧。这些成功管理者都曾尝试这样做事情：激励上进心，肯定表现，确保团队成功。

　　反思这些成功管理者的建议和成功案例，并进一步实践尝试这些行之有效的方法。如果你能做两件事以使得自己的团队更高效，你会做哪两件事情呢？

　　更好的建议是，与你的团队成员分享这些信息，并让他们去思考一切可以提高团队绩效的方法。请充分利用本书中的理念和想法，作为团队讨论的出发点，研讨如何去提升团队质量，如何去增加收获，如何让团队更加成功。

　　祝顺！

鲍勃·纳尔逊

没有人是孤立的，
我们都必须相互
依赖。

生活就是在
不断地完成各种
意义重大的事情。

COMPANIES
DON'T
SUCCEED,
PEOPLE
DO

收获成功
激发创新力
提高生产率

CONTENTS
目录

> **史蒂夫·乔布斯**
>
> 我们成功的秘诀在于投入大量的时间去雇佣世界上最棒的人。

聘用恰当的人选

芝加哥的圣十字医院在招聘新员工的时候，使用的是多维度的考核方法。首先应聘者参加面试。面试是由团队的多方人员组成，这些面试人员包括以后入职的同事、部门领导和人力资源部人员。然后，所有的竞聘者会被分成4~8人一组，在小组活动中进行模拟练习，模拟练习的任务就是要协作解决各种问题。最后，排名最高者会被雇佣。

约翰·H.帕特森

要想在工作上取得成功，必须让别人和你持有共同的想法和观点。

不断分享你的观点

人们常说购房要关注三个关键词：第一个关键词是"地段"，第二个关键词还是"地段"，第三个关键词仍然是"地段"。同样地，要鼓励团队的改变，也有三个关键词："优化""优化""优化"。在变革的时代，许多领导人都低估了持续强化的必要性。一旦团队呈现改变的趋势，那么此刻重要的事情就是，激励保持这种改变的势头，以使得团队的发展趋向于设定的目标。这一切的改变不会自然而然地发生，你需要制订一个计划以促使改变的发生。

请回答以下三个问题，这是迈向成功的第一步：

1. 俗话说："简约是真。"怎样让我的观点简单明了？

2. 如何让我的观点令人印象深刻？

3. 每天、每周和每月，我与别人进行观点交流的频率应该以多少为宜？

对一些人来说，这三个问题也许听起来很容易回答，都是司空见惯的常识。但要做到这一点，却不那么简单。这需要进行创意策划，并需要每一个人的参与。但是，最为重要的是，它需要大量的纪律条例以保证进展不偏轨道。如果你致力于让自己的团队发生改变，那么在此过程中要注意，很多细节的因素都会导致结果产生极大的差异。所以要谨记，在小事情的管理上，要优化，优化，再优化。

COMPANIES
DON'T
SUCCEED,
PEOPLE
DO

常识其实并不那么
普通。

——伏尔泰

约翰·鲍威尔

只有勤于沟通的人才能体会到沟通的魅力。

学会有效沟通

在团队讨论活动中，要尽早并且经常表达你的想法。我和罗格·K.莫斯维克先生合著过一本书，书名叫作《我们是这样来开会的——会议管理的成功指南》。该书中的实证表明，如果一个人在会议讨论的前五分钟就表现出投入的状态，那么这个人会对会议讨论具有更大的影响力；而如果一直等到会议开始了15~20分钟，他才做出第一个观点表达的话，那么他对会议讨论的影响力就要小得多（影响力约为较早发言者的一半）。

如果你一直等到会议进行了一半，才开口说话，那么你提出的看法通常是被忽略不计的，并且也不会对团队的决定产生多大的影响。因此，努力地在讨论活动中尽早地提出自己的看法吧，哪怕仅仅是问一个问题或者阐明一个观点，这起码能表明在讨论活动中你是一个积极参与者。

为新员工搭建平台，创造条件

总部位于得克萨斯州欧文市的IT咨询公司Akili Inc.从一开始就让员工体验公司运作的各个环节。在员工入职计划培训中，每个新入职的员工都会得到一本模拟护照，新员工必须通过积极参与公司事务，从同事手中获得至少20枚签证邮票，并贴到护照上。签证邮票可以通过正确阐述企业理念，正确绘制出公司组织机构图等方式来获取。这种独特的角色定位过程能迅速地帮助员工融入企业的价值观和公司文化中。

总部位于得克萨斯州奥斯汀市的Catapult Systems公司有一个称为"新兵训练营"的新员工招收计划，该训练计划由公司总裁山姆·古德纳牵头执行，目的是让新员工在真正开始执行任何一项实际的工作任务之前，首先能融入公司的企业文化。计划活动中的主题包括体验公司里不同部门职员的角色，比如参与客户部的服务条例制定和人力资源部的部门工作职责划分等工作，计划活动中也会有一些突击检查，以检测新员工对他们所接触过的公司员工的姓名和职位是否已有所识记。

> **乔治·S.巴顿**
>
> 永远不要告诉人们怎样去做事，告诉他们去做什么事，他们的足智多谋将会给您惊喜。

主人翁意识

为了营造有利于鼓励员工主动做事的工作氛围，以下三个方面的建议很值得参考：

第一，明晰公司的使命、目标，最重要的是，解释清楚实现这些目标的策略。如果员工了解公司发展的蓝图，那么他们可能会更加清楚自己的角色定位，以及更加明白为什么公司会重视员工所做出的贡献。

第二，帮助员工理解公司的竞争机制。激发员工的竞争天性，员工工作上的自豪感将会带来优秀的业绩。

第三，鼓励员工敢于冒险和勇于创新。伟大的领导者深知"生存之道在于不断冒险"。

> **克里斯多夫·艾弗里**
>
> 不管你的职位如何，为了增加个人价值，你可以做的最重要的一件事情，就是学会与他人共事。

团结协作，共创成功

Ubuntu是南非民族团结与协作的一种传统观念，在种族隔离制度解体后，纳尔逊·曼德拉总统曾用这个理念来统一国家，从而使之著名。我与斯蒂芬·伦丁博士合著的一本书的书名也叫Ubuntu，在该书中我们研讨了"团结与协作"这个有影响力的主题。

从本质上讲，Ubuntu蕴含了哲学上"我的存在是因为大家的存在"的仁爱思想，并强调从一开始就应该具备团队协作理念，以克服种种困难与挑战。

圣地亚哥Rady儿童医院的会计部门已经把这种源自非洲的具有影响力的理念融入他们的工作中。他们把每周的星期四规定为部门的"Ubuntu日"，在那一天，全部员工都要穿上非洲传统的达什基花套衫，当众提醒大家要一起渴望团结合作。在那一天，所有员工都将受到鼓励为部门更好地发展提出自己的建议，比如改进工作流程，最大化节约成本或提出各种创新想法。他们会开会讨论这些建议，并互相帮助实践最佳提议。

> **大卫·凯利**
>
> 在各个大型企业中，我学会的最重要的一点就是，当每个人都墨守成规的时候，创新能力就这样被遏制了。

创新思维，解放思想

通过沟通制定目标，并让团队清楚实现目标的方法。

卡门·维拉玛是一位物业管理集团的总裁，其集团总部位于华盛顿温哥华市和俄勒冈州的波特兰市。有一次，她急需出租一栋包含416个单元的新公寓大楼，于是，她带着这项挑战任务来到公司80末到90后的年轻人中。"这是办公室的钥匙，"她说，"你们可以随时来办公室工作，也可以做任何你们觉得有必要的事情，只要能把这栋公寓租出去就行。"

面对这项挑战，这些年轻人轻松应对，他们制作了几个YouTube视频，发起了一个Twitter推荐活动，以及举办了几场开放日派对。结果，他们在规定的时间内成功地把公寓大楼里的所有单元全部都租赁了出去。

因为出色的表现，这群年轻人获得了销售奖金，他们打算组团前往拉斯维加斯游玩，以庆祝这次任务的成功。虽然有一位小组成员在这次任务中并没有实现她的既定目标，但是大家还是希望她能一同前往拉斯维加斯，因为在整个任务过程中，她一直给予团队成员各种支持。旅行回来后，这群年轻人又做好了迎接下一个挑战的准备。他们问卡门总裁："您还有别的公寓大楼需要出租吗？"

> ### 杰克·韦尔奇
>
> 我们必须要让公司里所有人都参与其中。如果做好了这一步，那么各种好主意就会如雨后春笋般涌现。

保持让员工参与工作

要充分利用团队成员的精力、雄心和才能，不然你就有失去团队的危险。乔治亚州阿法乐特市百叶窗批发销售副总裁唐娜威尔斯分享了这样一个案例：她手下的一名90后员工打算要离开公司，因为这名员工觉得自己已经没有晋升的机会，看不到工作还有什么希望。于是，唐娜就向这名员工提出了一个挑战，让她制定一套方案，这套方案需要概述出在公司管理层给予支持的情况下，她可以获得的成就。这名员工认真地完成了唐娜交给的任务，制定出了一套年度销售方案，计划把公司带入一些新的市场，并在短短4个月的时间里成功地实现了这些目标。

　　Facebook公司把每个季度中的某一天称为"创客日"（"创客"在这里是一个褒义词汇，指的是那些能够做事的人，比如非常了得的程序员）。在"创客日"的那一天，每个员工，无论其平常的工作岗位是什么，都可以从事根据自己的意愿选择的工作，以让公司成为一个更好的地方，推动公司进行客户服务，为客户创造价值。斯图亚特·克莱布是Facebook公司的全球培训总监，他真心希望能让每位员工都经历一次"创客日"，对此他说："虽然我们已经有了一个非常忠诚的员工小组，但是在创客日的推动下，大家的小宇宙简直要爆炸了，他们很乐于去追求他们自己的想法。这种积极的氛围赋予员工们一种感觉，他们感到在工作中可以大展拳脚，他们感到自己可以征服整个世界。"

　　正是在其中的一个创客日活动中，员工们构想出了Facebook里传奇的"点赞"按钮，该设计现在已成为公司品牌的一个主要构成部分。

> 亨利·戴维·梭罗
>
> 一个更伟大的奇迹会发生在我们注视着彼此的瞬间吗？

通过同事的眼睛去看团队

迪士尼的主题公园每年会闭园两次，以便让所有的职员，也就是平日的演职人员，都可以带上自己的家人到园，像游客一样游园玩耍。届时将由公园的管理人员来运营园里的游乐设施，为享受优惠票价的儿童和老人等人士服务，并穿戴游园戏服进行表演，这一切只为证明：每位领导和员工都是迪士尼主题公园这个大家庭的一员。

在玫琳凯公司，所有的办公室文职人员每年会有一天与技术生产部门的职员互换工作岗位，学习和相互体验彼此的工作内容，他们把这一天称为"春日恋曲"。当员工们了解了公司不同板块的工作内容后，他们更容易做出有益于整个公司的决定，而不是做出仅仅受益于自己部门或团体的决定。因此，请给你的员工创造学习别人的工作的机会吧。有些组织甚至会以天、周或月为时间单位进行员工角色互换。在典当商现金美国国际公司，从接待员到CEO，所有的员工都会每周轮值到公司旗下的一家典当行里去工作4小时。

不要让经理们成为漏网之鱼哦。让公司高管们花几天时间到一线岗位为客户提供服务或直接与产品进行接触。他们将会对员工的工作拥有新的认识。凯悦酒店集团就让其高管每年多次亲临门店，为客人办理入住手续，帮客人搬运行李和帮助当地的工作人员开展工作。

提倡多元化

在公司总部所在地的加州山景城，一群谷歌员工组织了一个名为"谷歌总和"的活动，活动的目的在于庆祝他们的多元文化。活动上摆满了美食，播放着曼妙的音乐，进行着舞蹈表演，在七月份持续了一整月。

最近，来自亚洲、欧洲、拉丁美洲和北美洲70个办事处的超过5000名谷歌员工通过小组讨论参与了全球多元化和专题对话活动。

看看致力于创新和设计的国际咨询服务公司Continuum吧，他们雇用了一大批各式各样的员工，包括传统设计师、工程师、心理学家、艺术家、工商管理硕士和民族志学者。这一大批人才会根据企业项目研发与制作的需要汇集在一起，有时也会一次同时完成几个项目。

Continuum公司会认真研讨，确保来自不同领域的客户需求得到满足。因此，员工们会面临着各种各样的设计和业务挑战，但是同时他们也可以分享来自于不同行业背景、不同生活经历和不同文化视角的思想。

多元化是于团结和谐之内独立思考的艺术。

——马尔科姆·福布斯

让每项工作都公开、公正、公平

马萨诸塞州剑桥市的数字营销公司HubSpot相信工作透明化的作用，大到公司的现金消耗速度，小到公司对员工在维基页面上的评论，他们都会向员工公布。公司创始人兼首席执行官布莱恩·哈里根说，工作透明化只是他们推动创建团队合作的企业文化的一个方面。哈里根认为，80、90后这一代员工的工作和生活方式已经从根本上发生了改变，所以公司也必须顺应潮流，改变现有的管理模式。

HubSpot致力于构建一个十分扁平化的、透明化的结构组织，以满足员工们的期望。哈里根没有私人办公室，他的薪水和其他员工也没有什么不同。HubSpot的员工们在公司维基页面上直接召唤他也是没有问题的。哈里根认为，今天的员工都是在社交媒体上长大的，他们希望看到领导者的开诚布公和不造作。

> **比尔·盖茨**
>
> 你可以去了解其他任何有发展前途的公司，看看他们是怎样处理失误的。

从失败中获取教益

在宾夕法尼亚州好时镇的好时巧克力公司，已故前董事长兼首席执行官理查德·齐默尔曼曾鼓励员工在工作中积极主动，敢于冒险，别怕遭受批评指责。为鼓励员工勇于冒险，公司特别创设了"气宇轩昂奖"。齐默尔曼认为："我们想奖励那些愿意去做事的人，那些敢于实践一点点企业家精神的人，那些愿意为自己坚信的想法而吃苦耐劳，经得起批评和考验的人。"这个奖项的颁发适用于多种情况。比如，有一位维修工人设计了一种清洁机器的方法，采用这个方法，即使在非周末时间进行机器清洁，也不会影响机器的正常运行。

　　同样的，谷歌将其难以置信的成功归功于失败。和澳洲知名服装品牌Zimmerman一样，谷歌的管理团队人员埃里克·施密特、拉里·佩奇和谢尔盖·布林明确地表达了"从失败中获取教益"的重要性。

努力+再努力=成功

移除障碍

在变革的时代，任何一位领导者都要做的第一件事就是移
除阻碍团队执行计划的障碍。例如，如果一个计划的执行需要
营造客户至上的文化氛围，那么你就必须要识别任何阻碍实现
这个目标的障碍。这些障碍通常分为以下4类：

1. 过时的运作体系；

2. 失效的办理程序；

3. 落后的人力团队；

4. 涉及其中各个方面的因素合集。

此时，首要的也是最重要的挑战就在于，要努力界定清楚什么是我们工作发展的"拦路虎"。这需要每个人的参与，尤其需要那些在一线岗位与客户直接对接的员工的参与。如果你仔细听他们说的话，你很快就能找到解决问题的答案。然而，如果问题的指向只是针对过时的运作体系，那么"断剑重铸"则需要耗费更长的时间。相对而言，解决那些失效的办理程序和落后的人力团队所造成的问题，花费的时间可能不需要那么长，但是这些问题的解决对改变整个处事过程来说，同样重要。

阻碍变化的因素有成千上万种，它们可以是2万磅重的巨石，也可以是许多小树。作为一位领导者，你的工作就是尽可能快地开始砍伐障木，这样，你的员工就会觉得离目标越来越近。

> **伊诺克奥**
>
> 团队合作是让普通人获得不凡成就的秘密。

自我管理的团队

当员工被委以重任，负责执行通常属于管理层范围内的任务时，他们的主人翁意识就会增强。佛罗里达州航空技术组件公司推行自我指导工作小组的实践之后，工人们得以解除束缚，做出以前由管理层做出的决策。这带来的工作结果是：成本消耗更低，产品质量更优。机器操作员乔·戴维斯说："在你不得不去找别人，并且一直在询问自己到底要去做什么事之前，其实你自己就已经拿出了一个更好的产品。"

从团队的角度去思考

美国超市Trader Joe's对于其顾客或者员工来说，并不是一个普通的零售商店。在这个店里工作仿佛在一艘船上工作："船员"（店员）首先向"船副"（店长助理）汇报，然后由店长助理再向"船长"（店长）汇报工作。新员工的选拔，一部分是考验他们的工作态度够不够热情，一部分是考量他们的工作精力够不够投入。作为加入这个大家庭的融入过程，Trader Joe's会给员工们安排一系列的培训，包括沟通技巧、团队合作、领导艺术和产品知识。Trader Joe's 通过让工作热情的员工，在包括收银员、仓库管理员到客户服务员等不同岗位之间进行轮岗，在店内打造出一种浓厚的和睦相处的氛围。轮岗可以让员工之间建立情感，并且消除了不同岗位角色带来的隔阂。他们还鼓励员工们穿上夏威夷衬衫，并在整个商店的各个角落插上小旗子，来营造愉悦轻松的南海风情，传达异域风情的主题。在商店里，友谊是很容易得到的。员工们通常也喜欢在下班之后进行交流活动。"船副"会定期地在商店营业结束之后，组织员工进行自愿碰头会，大家坐下来一起免费品尝和谈论在商店里出售的葡萄酒以及各种食品。员工们都会来参加并分享各自的知识，时不时地会发出愉快的笑声。

团队组织

位于美国加利福尼亚州诺瓦托市的福来曼基金保险公司个人保险部，针对投保客户的类别，将其员工划分为各个自然工作组。公司管理层的数量被削减，更多的人被分配到整个工作岗位而不是支离破碎的工作任务。结果，员工们都深感是否能让顾客满意与自己的工作利害攸关，员工们的工作效率提高了35%~40%，系统投资每年也减少了500万美元，背书周转时间也从20天缩减到24~48小时。

Facebook公司根据员工的爱好组建工作团队。新员工从入职报道的那一刻开始，就接到指示："请四处看看，弄清楚工作问题或机会是什么，并帮助解决它们。"公司鼓励员工根据自己热爱的项目来组建团队，因为领导们相信，当人们做自己喜欢的事时，会做得很好。不管员工在组织中的级别如何，他都可以将想法转化为产品。Facebook"时间线"的设计者之一乔伊·弗林在《企业家》杂志上发表过一篇文章，在这篇文章中他说："请用创意来说话。如果你能证明自己的想法是对的，那么你可以在这个公司里做任何事情。"

顾客导向

有机食品快递公司Good Eggs总部位于美国旧金山，它是一家生鲜食材预订与配送服务平台，通过其网络平台，消费者从本地供应商或菜农那里直接在线订购产品，保证了用户订购的每一单果蔬都是刚刚从地里采摘的。为了让每一位团队成员充分了解所有的工作业务，每个新员工从入职开始，就会被安排到公司的各个部门进行工作，包括与菜农和客户进行直接联系的工作。倾听意见和建议，直接给员工们提供了第一手的信息，让他们明白客户真正重视的方方面面。

COMPANIES
DON'T
SUCCEED,
PEOPLE
DO

最不满意的客户
就是学习的
最好资源。

——比尔·盖茨

> **斯蒂芬·柯维**
>
> 授权的组织是这样的一个组织，在这样的组织里，每个人都有知识、技能、愿望和机会获得自己的成功，从而带来集体组织的成功。

授权给员工

3M公司（前身为明尼苏达矿业公司）是一个多元化的制造商，年销售额超过300亿美元，就是因其尊重员工价值，发挥员工潜力而一直久负盛名。例如，为了激励创始力，3M鼓励技术工人和工程人员把15%的工作时间用于追求自己选择的项目。在谷歌，每个员工的工作时间中，有接近20%的时间可以花在自己选择的项目上。

皮克斯动画工作室的家族电影在带给人们快乐的同时，

也收获了巨大的成功。电影是由一群脚踏实地的艺术家创作的，这些艺术家对自己非常有信心。这就是皮克斯动画工作室成功的秘诀。他们通过避免使用否定式的交谈方式来建立工作文化。也就是说，当某人提出一个想法的时候，其他人的回应应该是"是的，然后……"，而不是"不，但是……"。这种哲学是由已故的乔·兰夫特带到皮克斯的，乔·兰夫特是皮克斯动画工作室多年的故事讲演总监。这种沟通哲学源于一个概念，正如他们在校园里说过的那样，"每一个想法都是一个好主意"。皮克斯力求创造对于他们的员工来说最值得信任的环境，在这样的环境下，人们遵循自己的愿景，被允许犯错误。

决策往往会提升管理链上的人，使他们用最少的知识做出最优的决定。重大决策不应总是由管理层来做出。领导者应授权给员工，让他们做出对自己的团队和角色适用的决策。

除了能加快决策，支持打造现有团队成员成为未来的管理者之外，授权给员工也将让整个团队成员拥有一种主人翁的意识。戈尔公司是一家戈尔特克斯面料和其他产品的制造商，戈尔公司鼓励员工在做决定时，使用类似于划船时的"吃水线"原则进行决策：如果一艘船在吃水线以上有一个洞，它就没有沉没的危险；如果洞在吃水线以下，那么这艘船就非常危险。

同样的，所有员工要评估和承担他们所做出的一切决策的风险。如果风险很大，他们将被要求做出更广泛的保证，保证这个决策是在开展实际行动之前最好的决定。

得克萨斯州休斯敦的德州商业银行以市场增长缓慢期为契机，给员工增加权力来改善他们的内部运作和客户服务质量。焦点小组访谈届时会开展，以识别和解决困扰员工和顾客的各种系统问题。举个例子，如果一个出纳员在某个步骤上花了30秒时间，而这个步骤是每天重复要做100次的工作程序中的一个环节，这就明显增加了工作成本。这时银行就会允许焦点小组去解决这些问题，并寻找解决的方案。在开始的时候，公司估计焦点小组的努力将会为其节省5000万美元，但实际上，节省下来的成本是这个数字的两倍。

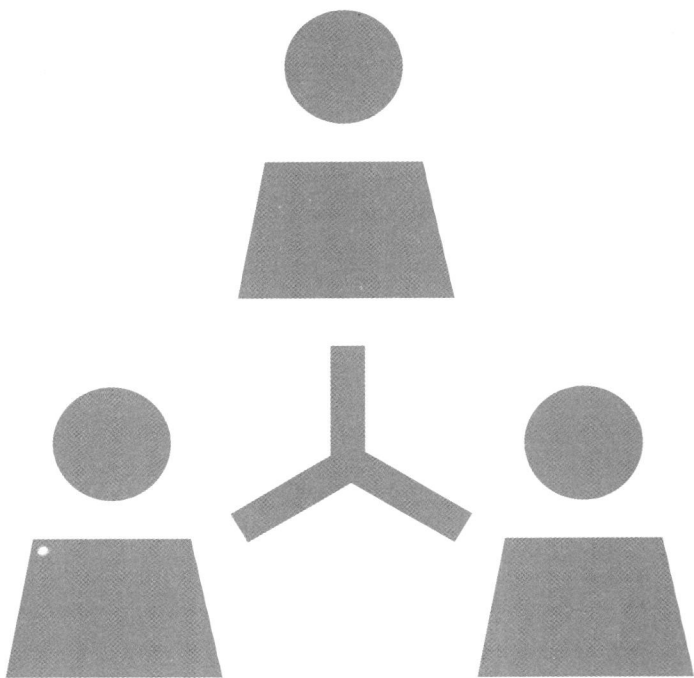

活出你的价值

位于俄亥俄州海滨的Montefiore疗养院是一个非营利性机构，它为我们的信用活动找到了关键。

在这个活动中，团队成员承诺共同遵守维护某些价值观，例如帮助他人，为病人的需求而服务，或者帮助亲友。

这家疗养院要求员工永远不要说"我不知道"。

实践团队价值的员工可以获得同事授予的纸钥匙，然后他们可以把获得的纸钥匙换成别针，从青铜材质的别针到黄金材质的别针都有。

例如，十把纸钥匙可以兑换一枚铜别针。

该项目有助于促进员工通力合作，与管理层分享信息，并获得更多的支持。同时，营业成本也减半。

我们谈论很多关于希望、帮助和团队合作的事情。

COMPANIES
DON'T
SUCCEED,
PEOPLE
DO

我们主要想表达的
是，当我们在一起的
时候，会变得
更强大。

——维多利亚·奥斯汀

成功的团队如何开展工作

我曾经采访波士顿银行的一位经理，她每天有65份直接报告需要审阅，而且还要与每位员工进行交流。有人问她："如果你花太多时间与员工打交道，你如何完成工作呢？"她回答："花时间和员工在一起就是我的工作。"

为了促进团队合作，加州帕萨迪纳市L. Norman Howe & Associates公司的员工每个星期一早上都要列出他们的任务或项目清单，向上司汇报，并在长达一个小时的员工午餐会上大声朗读出来给其他员工分享。同事们经常会提出新的方法来处理任务或提供帮助。

不是只有在到达目标后才需要强调员工的付出。无论是对单个员工还是对整个团队，都要重视他们的上班签到，对他们的合作做出积极的评价，并提供他们可能需要的帮助。不要为员工做决定，也不要给他们施加压力以应付任务的最后期限。信任一个团队能自己解决问题，这是一个非常重要的信念。

改善工作环境

为了促进创新，发展团队协作与合作，谷歌风险投资公司专门使用一个区域的墙面作为展板，也就是他们称为"作战室"的地方，来进行共享笔记的展示和用于长期保存项目进程记录。在进行项目工作的时候，员工们用白板、便利贴，或在玻璃窗上写字来捕捉记录每一个临时决策。他们在墙上写得越多，取得的共识就越多。

《快速公司》商业杂志列出了谷歌风险投资公司对创建伟

大的"作战室"的各种建议：

1．拥有充足的展示区域。为了记录你想要捕捉的所有信息，你需要很多的记录区域，包括窗户、空墙，以及尽可能多的白板。

2．专用于项目研讨（而不是用于开会）。不要把你的"作战室"变成另一个会议室。为了达到最好的效果，把它从公司的房间安排中删除。

3．可灵活移动的家具设备。有时你需要椅子和空间来进行讨论。有的时候，你需要书桌来写写画画。理想的"作战室"里应该有轻便的或安装有移动滑轮的家具，这样易于搬动。

放飞首创精神

在一个炎热的夏日，星巴克区域经理蒂娜·坎皮思在咖啡饮料中加入了冰块，并将咖啡和冰块混在一起。她尝了尝，觉得很喜欢这种口味的咖啡，于是开始做给同事们喝，然后开始卖冰咖啡给顾客。但是，她收到了来自公司办公室的一项勒令，说员工不能将随意制作的咖啡进行销售，必须停止这种行为。所幸的是，蒂娜坚信这个创新的想法，并一直坚持到了月底，最终收获了全月满额销售的报告。随后，她接到了星巴克首席执行官霍华德·舒尔茨的电话，电话中，霍华德感谢她忽略收到的勒令，并坚持了自己的想法。蒂娜因此发明了星冰乐。星冰乐咖啡在推出的第一年，就成了一个价值5000万美元的产品系列。

亚瑟·佛莱是3M的员工之一，他在圣保罗大教堂的唱诗班唱歌。亚瑟会在他的赞美诗中使用索引卡来标记下一首诗。让人烦恼的是，索引卡经常会掉出来。亚瑟认为，3M应该想办法在一张纸上放置低度胶粘剂，这样它就能粘在另一张纸上。3M公司的研究部门告诉他，这样做是行不通的，因为用低等级的胶粘剂把纸张连续粘在一起，这将是非常困难的。亚瑟回答："这是个好消息啊，因为我们知道如何去解决这个困惑，就意味着我们的竞争力将无法复制。"他没有被劝阻，亚瑟把他的想法告诉了市场营销部门，市场营销部在7个不同的市场对该产品进行了测试。测试结论是，这款产品收益难测。

亚瑟认为市场营销部的测试有误，于是，他和一个伙伴在明尼苏达州圣保罗的大街上，向小企业免费赠送样品（这是3M公司历史上第一次提供免费样品的使用）。一周的奔走之后，他回来了，90%的企业都想对亚瑟的产品下更多的订单。在那之后，亚瑟开始向3M公司的行政助理们分发"黄色便笺簿"，直到势不可挡的人气使它成为一种正式的新产品。在第一年，便利贴就变成了一个价值3亿美元的产品系列。

应对变化

"对员工要投入，"得克萨斯州贝德福德的呼叫中心"贝雅健康"的创始人保罗·斯皮格尔曼说道，"告诉他们你想要改变一些事情，然后问'我们要怎样才能一起做好这些事？'我们无法猜测对员工来说什么是重要的。我们必须给他们一些和我们交流的机会。"

作为领导者，我们必须放弃自己的优越感。在任何情况下你都要做得更具人性化，因为专业人士都是这样做的。

让会议更有意义

欧文斯科宁是玻璃纤维制造企业，坐落于俄亥俄州的托莱多。他们使用开放空间会议来开展交流和改进团队成员的生产力。由圣公会牧师和管理顾问哈里森·欧文开创的开放空间会议，没有既定的议程，没有预先计划好的会议形式或预定的发言者。参与者围坐成一圈，任何一个对某个话题感兴趣并愿意领导小组讨论的人，都可以进入圈子的中心，宣布他的名字和话题，把题目写在图表上或贴在墙上。所有的主题都列出之后，每个人都可以自愿参加尽可能多的小组讨论。

每天开10分钟的短会，使得虚拟团队获得了成功。位于犹他州利希的创业公司Client Success在网络电话上使用类似的会议来管理虚拟团队。所有团队成员都需要参加晨会，这为接下来的一天的工作做好了铺垫。10分钟的会议使得整个讨论简短而又有关联。这个10分钟并不是用于解决问题的。会议上提出的任何问题都会被放到线下由相关小组处理。在会议上，每个团队成员都会进行简要讨论：

"我昨天做了什么？"

"我今天要做什么？"

"在我前进的道路上有什么需要克服的吗？"

通过使用这种方法，团队可以很好地了解已经完成了什么工作，还有什么工作有待跟进，以及团队成员必须做出哪些承诺以实现目标。

另一种有助于保持参会者精神集中和保证会议简短的开会形式是站立式会议。当人们感到不太舒适的时候，他们的精神反而会更集中，会议的目标就可以更快地得到实现。为了让人们专注于说话者，有一个简单的规则，即"参与者只有在被允许发言时才能发言"。

> **伦西斯·利克特**
>
> 团队成员对团队的忠诚度越高，团队成员实现团队目标的动机就越大，团队实现目标的可能性也就越大。

相互信任

特拉华州纽瓦克市戈尔制造公司通过严格的招聘流程，确保每个雇员都符合其独特的文化。

在这个公司里，有一万多名员工。但是在该公司的任何一个工厂里，工人都不超过两百人，这样，员工之间就可以互相了解。

在这里，没有头衔划分，没有级别不同的办公室，没有额外的津贴，只尊尚能力，并秉承这样一种想法：无论双方是谁，彼此之间都可以谈论任何需要解决的问题。

领导者在信任他人的基础上出现在团队中。在人员数量相对少的地方，员工之间可以直接交流，一块儿工作。

当员工一起完成一个项目的时候，整个团队都会得到奖励。

解决问题

在明尼苏达州明尼阿波利斯的坦能公司，工程师们设计了一个价值10万美元的系统来简化专业焊接操作。当管理层认为该系统过于昂贵时，焊工团队解决了这个问题，他们从当地的垃圾场使用工型钢设计出了一个架空单轨系统，制作费用还不到2000美元。该系统节省了生产时间，缩减了存储空间，节省成本价值达到2.9万美元。通过主动采取措施解决问题，焊工团队散发出了满满的活力。

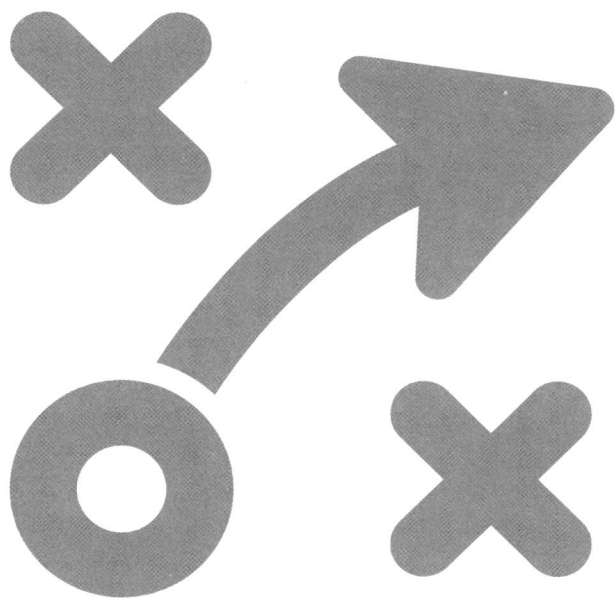

分享知识

投资一个在线知识共享平台，可以从其他人身上和材料中汲取知识，用以激励员工协同工作，建立团队。

奥美广告公司已故创始人大卫·奥美非常重视在公司内部进行知识分享。

为了在人们的头脑和硬盘上收获有价值的知识，奥美投资了一个他称之为"松露"的信息技术内网社区。

作为一位美食家，奥美很喜欢松露的味道，并相信"像一头猪在法国橡树林中努力寻找松露那样，人们应该会竭尽所能和热情去获取知识"。

作为公司知识的数据库，"松露"允许人们访问共享项目，并为员工提供机会通过论坛发表创意和见解。这些论坛是为公司里数百个利益团体创建的。

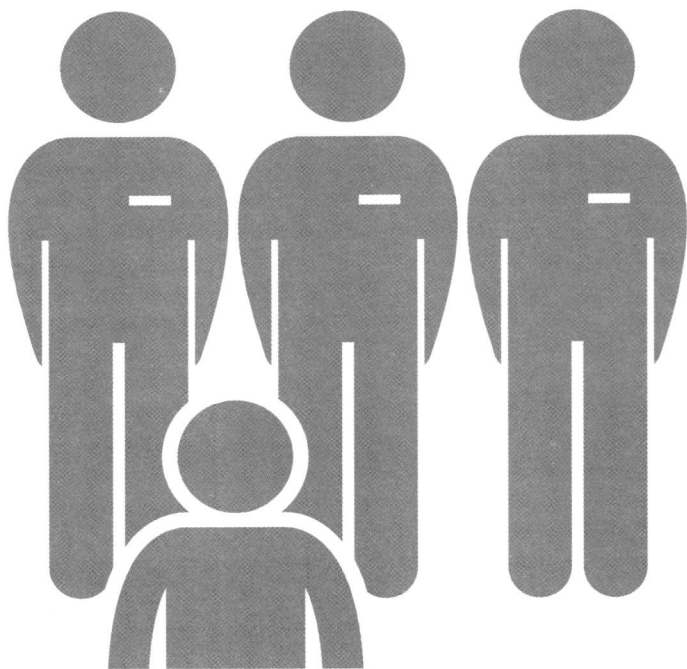

推广建议

在过去的30年里，西南航空公司一直是美国最赚钱的航空公司，部分原因是所有员工的想法都得到了重视。举个例子，在过去的10年里，公司最赚钱的想法之一来自于行李管理员。他看到一些乘客想要预先登机，选择他们想要的座位，鉴于此，他建议"为什么不收取更多的费用呢？"西南航空公司试行了他的建议，现在，随着选座业务的推行，乘客可以支付额外的费用，提前登机，并得到他们想要的座位。

> **涂利·库普弗博格**
>
> 当模式被打破，新的世界就会出现。

打破常规

　　企业服务平台Rallyteam是一个互动社交平台，员工可以通过在单一或联合的平台上使用一整套社会生产力工具进行协作。何欢作为Rallyteam的联合创始人，使用"进化的星期五"制度来不断提升团队。每隔一周的周五，员工们就会碰头组成一个团队开展讨论，讨论他们能做些什么来提升团队或改善公司，借以寻找方法来打破常规，并着力于研讨创新工作，以发展他们的体系，完善工作流程或团队。讨论活动唯一的规则是：它不能是机械的工作，员工必须乐在其中。

在会议上，小组成员轮流推动以下各种形式的会议：

圆桌会议：用15分钟时间讨论完善项目/目标，取得一致意见，分享想法，并进行意见反馈。

经验分享：用15分钟时间对前两个星期的学习经验进行分享。有时候团队成员会开展非常正式的培训，有时又会邀请其他团队的嘉宾加入分享活动。

领导之旅：用15分钟时间讨论如何让团队成员成为更好的领导者，包括讨论优秀领导范例或讨论领导力方面的文章。

挑战赛、辩论赛：用15分钟时间去完成一个团队挑战赛或辩论赛。通常辩论的话题与工作无关，但是有助于发展团队沟通协作能力。

在会议结束后，团队成员在下午的剩余时间里研究进化项目，从开发新的预测模型到组织下一个志愿者活动。何欢与他的团队几年前实践了"进化的星期五"，员工们非常喜欢它！除了建立一个更强大的团队之外，Rallyteam还可以直接改进他们的系统和工作流程，这都归功于"进化的星期五"制度的推行。

我们不断前进，打开新的门，做新的事情。

因为我们好奇，好奇心驱使我们沿着新的道路走下去。

鼓励团队参与

冰淇淋公司Ben & Jerry's向其位于佛蒙特州南伯灵顿公司总部的各部门发放了奖金，奖励它们为工厂提供了创设性建议。获奖团队可以用奖金来购买他们想要的东西，比如爆米花机或者热巧克力机。

许多工作团队刚开始的时候总是雄心壮志，但后来渐渐失去了前进的动力。

团队领导和成员如何将活力注入一个倦怠的团队呢？——

激发创意！用持续的正面强化（CPR）来让团队回到正轨，让他们对自己的工作感到兴奋。

积极强化是能让团队或成员感觉良好的要素。积极强化可以是任何一种满足团队或成员需求的方式，比如认可、特殊机会、奖励、自由、成就等。

精彩出色。

> 诺曼·希德勒
>
> 当一群人中的每个成员都对自己和自己做出的贡献足够自信，自信到可以去夸奖别人的时候，这样的一群人才可以成为团队。

认可杰出的工作

最愚蠢的事情会产生很深远的影响。在惠普公司，有一位软件工程师发现了一个软件漏洞，他的经理了解及时识别漏洞的重要性，立即从自己的午餐中拿出一根香蕉递给这个工程师，告诉他："做得不错！"所来，金香蕉奖成为惠普最具声望的奖项，获奖者会被授予一个饰板匾徽章铭牌和一个香蕉徽章。获得金香蕉奖的员工可以进入精英俱乐部。

好撒玛利亚人医院是爱荷华州西联盟的一家养老院。这个养老院建立了包括注册护士、营养师，以及每个部门的病人护理助手在内的跨职能团队，这些团队轮流值班。每个季度，团队都能从病人及其家属或管理者那里获得称赞。人们会把评论卡片大声朗读出来，并贴在中央公告栏上，管理员们会带来烘焙食品或从自家花园采来鲜花，以表示认可这个季度最获好评的团队。

> **"熊"布莱恩特（美式足球教练）**
>
> 如果某事做坏了，我去做。如果某事做得一半好一半坏，我们去做。如果某事做得相当不错，然后你去做它。这就是我带领人们赢得比赛的全部秘诀。

肯定团队

怀尔德伍德管理集团是一家位于得克萨斯州圣安东尼奥市的业主协会管理公司，它利用贝尔林格奖来庆祝团队成功，并系统地建立积极的公司文化。当员工有好消息要分享的时候，比如，从房东那里收到一封正面反馈的信，他们会发一封邮件给领导，把这个好消息告诉领导。看到邮件后，领导会在办公桌上按桌铃，并把信息转发给办公室里的每一个人，让他们停下工作来阅读这个好消息，这个桌铃就是专门这样使用的。来自客户的正面评论也会被张贴在Facebook上，同时滚动呈现在办公室大厅的等离子屏幕上。管理该公司的伊冯·韦伯表示："任何心怀不满的房主，如果过来投诉，就会看到我们团队从其他房主那里得到的所有荣誉。这会让人们驻足下来思考：'哇，这些人真了不起！'"

娱乐与体育节目电视网的一名经理，每次组织员工会议，开始的时候都要求员工说出五件进展顺利的事情。有时这很容易做到，他们很快就会继续开会。有时他们不得不耗点儿精力，因为工作进展得并不是那么一帆风顺。但在完成这个开端工作之前，他们不会继续开会，直到他们真的能说出五件进展顺利的事情为止。这样做是为了让他们对自己的能力增强信心，以承担和解决任何需要解决的问题。

同样，在美国银行，各种规格、各种类型的会议都以肯定的方式开始，以对人们取得的成就表示感谢。

酬赏团队

在亚特兰大，总部位于乔治亚州的达美航空公司，员工们会填写一张团队识别卡。然后，他们会把这张卡片投给他们认为已是"超越级"的团队。

卡片会被夹入一幅图画中，再和500美元一起捐给慈善团体或者公民组织。

越简单的想法越容易实现，而且效果也不错。

在陶氏化学公司，员工举办冰淇淋社交活动以庆祝成功，活动由公司的经理和高管提供服务工作。

　　在加州圣布鲁诺，盖璞服装公司的一位经理，因一个团队赶在最后期限之前疯狂地工作，而给他们颁发了水疗礼品券，这为员工提供了一种非常受欢迎的放松方式。

越简单的想法越容
易实现，而且效果
也不错。

鲍勃·纳尔逊博士在研究员工认可、激励与参与的领域中，是世界公认的专家之一。

他是加州圣地亚哥纳尔森激励公司的总裁，该公司是一个管理培训和咨询公司，专门帮助各种组织团队改进他们的管理实践，提升项目和系统运行。

他还是人力资源问题的执行战略家，并与80%的财富500强共事过。

鲍勃·纳尔逊博士曾与肯·布兰查德博士密切合作，合著了书籍《一分钟经理》。

鲍勃·纳尔逊博士还是目前世界排名最高的高管教练马歇尔·戈德史密斯博士长达10年的私人教练。

鲍勃·纳尔逊博士已经售出了400万本关于管理和激励的书，其中包括《1501种奖励员工的方法》，该书目前正在进行第62版次的印刷。他出版的作品还有：

《1001种奖励与认可的实地笔记：完整的指南》（与迪恩斯·皮策合著）

《1001种激励员工的方法》

《1001种在工作中采取主动的方法，Ubuntu！》（与斯蒂芬·伦丁合著）

《管理圣经》（与彼得·伊克诺米合著）

......

鲍勃·纳尔逊博士在加州大学伯克利分校获得了组织行为学的MBA学位，并在洛杉矶克莱蒙特大学的彼得·德鲁克研究生管理中心师从"现代管理之父"——已故的彼得·德鲁克博士，获得了管理学博士学位。他在加州大学圣迭戈分校的Rady管理学院教授MBA课程。